김천을 노래하다

김천시 승격 70주년 기념 시조집

김천을 노래하다

— 행복도시 삼산이수의 고장

김 창 호 시조집

도서출판 천우

● 시인의 말

30년 가까운 기간 동안 김천에서 교직 생활을 하였습니다. 김천교육지원청에 근무할 때에는 지역 교과서를 수정 · 보완하는 일을 맡아 하였습니다. 지도교사를 위한 지침서를 개 발하느라 더 깊이 있는 자료를 수집 · 분석하고 정리하는 작업을 하였습니다. 또한 우리 고장 김천의 관광지를 영어로 소개하는 장학자료를 제작하여 펴내고 경진대회도 개최하였습니다. 그러한 일을 해나가는 과정에서 내 고장 김천의 구석구석을 알게 되고 곳곳에 아름답고 가치 있는 이야깃거리들이 소복소복 담겨있다는 사실을 깊이 깨달아 내 고장 김천에 대한 긍지를 가지고 더욱 사랑해야겠다는 일종의 사명감 같은 것을 가지게 되었습니다.

신년 해맞이를 위하여 이른 새벽에 혼자서 황악산 정상을 오를 만큼 황악산을 좋아한 나머지 특별히 생각할 문제가 있거나 마음이 우울할 때에도 황악산에 올라 김천시를 내려다보며 마음의 키를 키우고자 노력하였습니다.

황악산을 오르면서 생각한 것이 삼산이수의 고장이라 알려진 김천시의 산과 강을 모두 찾아가 그 품에 안겨보자는 것이었습니다. 그래서 삼산이수를 하루 동안에 찾아가는, 이른바 나만의 '삼산이수 프로젝트'라는 것을 계획하였습니다.

감천과 직지천을 따라 이동하여 금오산, 대덕산, 황악산을 하루 동안에 오르는 일은 튼튼한 체력과 강인한 의지가 있어야 가능한 것이었습니다. 이 프로젝트를 연례행사로 수행해 오는 동안에 많은 것을 느끼고 배울 수 있었습니다. 가파른 산길을 오르며 가슴이 터지고 다리가 깨어져 나가는 듯한 고통을 참아내고 발톱이 빠지고 다시 나기를 수없이 반복하는 과정을 겪으면서 심신을 단련할 수 있었습니다. 봄에는 저마다 아름답게 피어나는 꽃과 신록의 상큼함을 가슴 깊이 담을 수 있었으며, 겨울에는 온 천지에 만발한 눈꽃의 장엄한 광경을 바라보며 행복에 겨운 감격을 맛보는 특혜를 누릴 수 있었습니다. 이 모든 것을 혼자 간직하기에는 너무 아깝다는 생각이 들어 틈틈이 글로 써서 모아 두었습니다.

김천시 승격 70주년을 축하하고 싶은 마음과 평소에 고장의 곳곳을 다니면서 써둔 이 글들이 연결되면 김천시를 위해 무엇인가 작은 일이라도 할 수 있을 것 같은 생각이 시조집 발간의 동기가 되었습니다. 그래서 김천을 더 잘 알릴 수 있는 몇 가지 글감을 덧붙여 글을 쓰고 보완하여 시조집을 펴내게 되었습니다.

문학이 특정한 목적을 가지게 되면 문학으로서의 작품성을 상실한다는 사실을 알고 있기에 시조집 발간을 망설이며 고민에 빠졌습니다. 그러다가 시 승격 70주년이라는 굵직한 역사적 사실과 순수한 애향심의 발로라는 핑계를 앞세워 용기를 내게 되었습니다.

이미 밝힌 바와 같이 글 속에는 김천을 소개하는 내용과 다소 주관적인 해석이 많이 내재해 있다는 점을 다시 한번 말씀드립니다. 또한 김천시를 대표하는 수많은 관광지와 문화재, 그리고 역사적 가치가 있는 의미 있고 아름다운 소재가 많이 있습니다만 지면의 제약, 정보의 부족, 저의 능력의 한계 등으로 인하여 모두 담을 수 없었다는 점을 죄송하게 생각합니다.

이런저런 면에서 부족함이 많다는 것을 알고 있습니다만 김천에 관심을 가지고 계시는 분들에게는 김천을 만날 수 있는 기회를, 고향인 김천을 떠나 생활하고 계시는 분들에게는 고향을 그리워할 수 있는 잠시만의 시간이라도 드릴 수 있게 되기를 바라는 마음으로 이 책을 세상에 내보냅니다.

2019년 가을에

김창호

제1부 • 김천을 만나다

제2부 • 김천을 이해하다

제3부 • 김천을 여행하다

제4부 • 김천을 생각하다

제5부 • 김천을 기억하다

제1부

김천을 만나다

1. 서시

시 승격 70주년

시 승격
칠십주년
역사 깊은 시민의식

빛나는
전통이어
새 문화 창조하니

대대로
축복받을 땅
번영하는 김천시

삼산이수의 고장

금오 대덕
황악산이
병풍 되어 둘러싸고

직지 감천
맑은 물이
김천 땅 살찌우니

더불어
살기 좋은 곳
얼쑤 좋다 김천시

시민중심 행복도시 김천

소나무가
아름답고
조각상이 우아한 길

삼십 리
벚꽃 길에
이화 만 리 향기 가득

시민이
행복한 고장
김천은 정원이다

지명유래

금이 나는 샘이 있어
김천이란 이름 낳고

그 샘물로 술 빚으니
맛 좋고 향기롭다

금샘물
빼닮은 사람
맘도 맑고 향기롭다

삼한시대

개령면에 감로국
조마면에 주조마국

삼한시대 국가 건설
긍지 높은 증표이니

유구한
내 고향 역사
가슴 깊이 간직하리

조선시대 1
— 김천장

조선 5대 시장으로
손꼽히던 김천장

대구이어 2위 규모
우피 무역 중심지

옛 명성
되살려 보자
한 맘으로 달려보자

조선시대 2
— 김천역

사통팔달 김천역에
찰방*을 임명하여

인근역 20여 개
관리토록 하였으니

김천은
교통 요지요
물류유통 중심지

* 찰방 : 조선시대, 각도의 역참을 관리하는 일을 맡아보던 종육품의 외직 문관 벼슬.

오늘, 시 승격 70주년

1개 읍에 14면 · 7동
시민과 공무원이

힘을 합쳐 이룬 업적
39개 분야 수상

다함께
노력한 보람
시민 행복 부른다

약속 의지

전통을 이어받아 새 문화 창조하며
대대로 축복받는
고장 위해 맺은 약속
다 함께
지켜나가는
굳은 의지 보이자!

계승 발전

질서를 잘 지키고 환경을 보전하며
서로를 사랑하고
예절을 지켜나가
조상이
이룩한 터전
길이길이 빛내자!

주인정신

틀튼한 몸으로, 올바른 마음으로
부지런히 일하며
배우고 또 익혀서
내 고장
눈부신 발전
주인으로 나서자!

시조
— 왜가리

목 빼고
다리 뻗어
날렵한 그 자태로

비상하는
날갯짓은
김천인의 역동성

풍요를
물고 오는 새
왜가리가 날아든다

시화
— 자두꽃

눈부신
하얀 꽃잎
만 리까지 은은한 향

자녀 다산
기원하는
자두꽃말 축복 되어

내일이
기대되는 땅
자두꽃이 부른다

시목
— 소나무

여인 같은
부드러움
장부 같은 곧은 절개

영원불변
푸른 기상
나무 중의 으뜸 나무

올곧은
시민 정신을
소나무가 지켜간다

실천 과제

일곱 개 목표에다
열 개씩 실천과제

시 승격 칠십 주년
뜻 모아 맺은 약속

퍼진다
행복한 미소
온 마을에 꽃이 핀다

실천 내용

친절하고 청결한
참여하고 배려하는

질서를 잘 지키고
예절 바른 시민 모습

양심이
살아 숨 쉬는
김천시의 자화상

제2부

김천을 이해하다

1. 삼산

황악산

추풍령 앞세우고 속리산 향해가다
민주지산 따라오라 손짓하며 멈춰선 곳

예부터
학이 찾아와
황학이라 불리던 산

큰형님 비로봉과 아우 셋 함께 모여
약속의 땅 보호하자 어깨동무 맹세하니

북쪽의
추풍령 고개
함께하자 보챈다

일자가 4개나 모여 그 높이가 비상하고
사명대사 득도한 곳 직지사를 품고 앉아

오늘도
번득이는 진리
비로봉에 빛난다

우두령 끌어주고 괘방령이 밀어준
백두대간 푸른 정기 황악산이 모아 모아

명당터
보금자리를
아낌없이 내준다

경상 충청 양발 딛고 이쪽저쪽 연통 넣어
진달래꽃 산목련 가을 단풍 자랑하니

오늘도
줄 잇는 손님
황악산은 절경이다

금오산

3개 시 · 군 거느리고 솟아오른 기암괴석
태양의 정기 받아 왕기가 서려오니

저녁놀
황금까마귀
나는 모습 상서(祥瑞)롭다

수많은 문화 유적 빼어난 자연경관
중국의 숭산(崇山) 비해 손색없어 남숭산

최초의 도립공원이
그 이름을 말한다

현월봉에 달이 걸려 약사, 보봉 놀러 오고
계곡마다 천년 고찰 부처님 뜻 널리 펴니

풍류도
나라 사랑도
금오산은 품고 있다

대덕산

경상 전라 눈이 맞아 이마를 마주대고
선행하자 의기투합 큰 덕을 쌓아 올린

대덕산
큰 봉우리는
인간 세상 근본이다

소백, 가야 두 산맥을 분가시킨 큰집이며
백두대간 강한 허리 위세 자랑하랴마는

그토록
겸손한 자태
부드러움 빛난다

백두 정기 받고 싶다 예고 없이 찾아가도
포근한 가슴으로 어서 오라 손짓하며

가랑잎
양탄자 깔고
가슴 열어 안아준다

감천

우두령
떠난 여정
굽이굽이 휘돌아

아름다운
고을 얘기
물결 위에 싣고서

쉼 없이
흘러가는 강
그 이름 감천이라

스스로를
정제하며
맑은 물로 자라나

대덕 지례
살찌우고
구성 조마 젖줄 되니

맛있고
영양가 높은
양파 감자 이름 높다

직지천

늘의산
내린 물이
추풍령에 미끄러져

백운천
영접하여
직지천 태어나니

또 하나
김천의 핏줄
곧게 흘러 쉬임 없다

고성 덕대
황악 눌의
산봉우리 경계 삼아

저마다
흘러내려
금릉평야 젖줄 되니

빛 좋고
속살 가득 찬
포도 자두 익어간다

3. 그 밖의 산 · 봉 · 령 · 재

고성산

김천 땅 한가운데 좋은 터 자리 잡아
동쪽으로 눈을 돌려 금오산과 인사하고

수줍게
고개 돌리며
황악산과 입 맞춘다

넉넉한 마음으로 두 팔 벌려 손짓하며
인간 세상 종종색색 슬픔 안아 고독한 삶

무조건
품속에 안고
희망을 속삭인다

사팔이(482m)라 낮게 보고 무시하지 말아라
비스듬히 흘긴 눈빛 오뉴월에 서릿발 선다

낮지만
낮지 않은 산
적당함이 정겹다

사통팔달 이어진 길 손 뻗으면 닿을 산
찌푸린 얼굴로도 찾아가면 반겨줄 품

고성산
밝은 미소는
님의 발길 기다린다

여름 겨울 비바람 온몸으로 막아 주고
달빛 별빛 어스름 가슴 열어 품어주니

그 사랑
그리는 마음
길손 되어 떠난다

삼도봉

경상 충청 전라도가 밀어 올린 삼도봉
3개 도민 하나 되어 불신의 벽 헐어내니

불어라
소통의 바람
상생 발전 원동력

거북 등에 용조각 오석 원구 받들고
대화합의 기념탑 삼도봉에 우뚝 서니

그 정신
길이 빛나라
해와 달도 하나 되리

시월 상달 길한 날 만남의 날 정하고
가슴으로 함께 모여 영원을 다짐하니

터졌다
지역 간 교류
흘러간다 화합 물결

추풍령

눌의산이 육중하게 백두대간 타고 앉아
한걸음에 내달려 금산으로 가려 마는

경계선
오가는 길을
허리 낮춰 내준다

당마루 고개 위에 떨어진 빗방울은
낙동강 흠모하며 금강물에 몸 섞을 때

이별을
아쉬워하며
눈물 애써 감춘다

황간벌 내달려 온 살 에이는 북풍도
추풍령 고개 앞에 맥 못 추고 주저앉자

김천은
따뜻한 고장
눈이 비로 내리누나!

우두령

김천 거창 연결하는 가장 빠른 옛 고갯길

생김새 소머리 닮아
이름 붙인 우두령

지금은
찾는 이 없어
외로움만 넘나든다

오가는 이 많았던 그 옛날 그 시절엔

고갯마루 억새밭
애틋한 정 숨겼건만

오늘은
봄 햇살 받고
쓸쓸함만 자란다

바람재

삼도봉 휘달리다 형제봉 만나기 전
고개 낮춰 겸손한 터 바람이 머무는 곳

오늘도
잔치 벌였다
얼굴 없는 사람들

사시사철 흔들려도 중심 잡은 언덕에는
바람이 품어왔던 아름다운 이야기가

억새풀
마른잎 끝에
주렁주렁 달려 있다

세상사 가슴 아린 하소연 하고 파서
돌부리 친구하며 목마르게 찾아간 곳

바람이
우려낸 향기
내 가슴을 녹인다

덕산재

대덕산 발등 타고 덕산재가 앉았더니
김천 무주 빠른 걸음 숨이 차는 고갯길

두어라
세월 끈 놓고
쉬어간들 어떠리

대덕산 아래라서 대(大))자 한자 빼놓고
너무하단 마음에 재자 붙여 큰길 내니

영호남
소통의 왕래
그칠 날이 없구나

소통은 바람같이 통행은 구름같이
덕산재 넘어갈 때 자신 한번 돌아보고

자연이
내주는 진리
덕 쌓아 실천하리

제3부

김천을 여행하다

1. 사찰 · 암자

직지사

황악산 포근한 품 터 잡고 앉았으니
백두정기 돌아내려 자비가 넘치는 곳

오늘도
부처님 은혜
직지 인심 빛나다

신라의 아도화상 중생 구제 큰 뜻 펴고
해동의 중심부에 제일 가람 세웠으니

팔정도
실천의 도장
깨달음의 요람이다

지혜 품은 황악능선 품격 높은 귀족 숲
능여 내원 운수계곡 정제되어 흐르는 물

대웅전
앞세운 그림
걸작품이 따로 없다

부처님 두 팔 펴서 5개 시 · 군 품에 안고
칠십여 가지 뻗어 해탈 기쁨 전해주니

팔교구
빛나는 불법
세상 어둠 비추다

천육백 년 긴 세월 장명등 밝히면서
민초들의 애환을 뼛속 깊이 헤아리니

큰 자비
도도히 흘러
황악산을 덮는다

청암사

불영산 푸른 정기 둘러싼 천년 고찰
인현황후 특별기도 꿈을 이룬 기도 도량

승가대
수행의 향기
속세 처처 스민다

신라국 도선국사 건립한 후 천이백 년
붉은색 소나무 숲 보호림 지정되고

상궁(尙宮)들
기도드리니
청정함이 빛난다

태초의 자연경관 옛 가람의 신비로움
사십이수 관음보살 정성으로 모셔 와서

비구니
전통 강원의 맥
영원히 이어 가리

大雄殿

수도암

수도처 명당자리 발견하고 감격해서

칠일 동안
춤을 추며
기뻐했던 그 장소

수도승
참선 도량의
명성 높이 올리다

도선국사 창건한 수도 도량 수도암

불상을
운반할 때
있었던 옛이야기

칡넝쿨
없는 연유를
알아봄이 어떠리

인현황후길

까맣게 탄
가슴 안고
인현왕후 걸었던 길

보광전에
마음 심고
정성으로 기도하니

흐른다
새하얀 눈물
극락정토 얻으리

사명대사길

오솔길
나뭇잎도
불어오는 바람도

사명대사
애국심
온몸으로 지켜내니

사백 년
긴긴 세월이
낯붉히며 숨는다

부항댐

푸르름이 찾아든 곳 햇살이 내려앉아

반짝반짝
맑은 물
겹겹 두른 산병풍

하늘이
물속에 잠겨
파르르 숨 가쁘다

부항천 발길 늦춰 홍수 피해 막아주고

다용도
맑은 물은
지역주민 감로수

연못가
산능선 모아
풍경화를 그렸다

4. 박물관

세계도자기박물관

지구촌
곳곳에서
명작으로 태어나서

곱게 자라
화장하고
명문가에 시집오니

세계속
희귀 도자기
새살림을 차렸네

제4부

김천을 생각하다

1. 혁신 도시

위치

구미시 가까운 곳 아포들 넓은 터에

간절한 염원 모아
새 생활터 건설하니

모였다
든든한 기관
희망이 샘솟는다

도시 환경

공공기관 이사 오고 정주 여건 개선으로

생활 환경 수준 높여
미래도시 그려내니

새로운
성장 동력이
혁신으로 꽃 피운다

학습이 싹 틔우고 창의가 자라는 곳

지역적 특색 살려
우수 환경 조성하니

품위가
살아 숨 쉬는
선진 문화 향기롭다

발전 전략

지속 가능 발전 위해 상생기반 구축하고

산학연 클러스터
기업 유치 전략 세워

스마트
혁신도시의
희망으로 반짝인다

직지문화공원 1
— 장승

외적 침입
막으려고
직지 인심 지키려고

무장하고
목 빼어
경계 근무 열중하니

믿는다
늠름한 기상
세계 최고 키다리

직지문화공원 2
— 폭포

우아한
소나무 숲
고개 살짝 내민 정자

매끈한
돌 등을 타고
내달리는 맑은 물

긴 세월
쌓였던 설움
폭포수가 씻어낸다

직지문화공원 3
— 백수 정완영 시비(詩碑)

조국을
사랑하고
연인을 그리는 맘

천만년
변치 않게
화강암에 새겼으니

푸르다
고귀한 정신
피어나라 시심이여!

직지문화공원 4
— 음악 분수

춤춘다
가녀린 몸
나비 되어 팔딱인다

날갯짓
한 올 한 올
아름다운 음악 꿰어

황악산
무게 잡은 엉덩이
들썩이게 만든다

하야로비공원 1

황악산
우러르고
직지사 공경하며

해오라기
생태공원
날개 펴고 비상하니

내 심신
맡기고 싶다
체험형 휴양단지

하야로비공원 2
— 문화박물관

고장의
역사 문화
관련 자료 전시하고

문화공연
학술대회
풍성하게 펼쳐가니

전통을
빛내줄 터전
우리 문화 꽃피우리

하야로비공원 3
— 건강문화원

전통문화
다도체험
민족정신 일깨우고

건강 관련
프로그램
심신단련 더하니

대자연
청정 환경에
호연지기 드높다

하야로비공원 4

— 한옥체험촌

맑은 공기
소나무 향
어우러진 숲속에

가족사랑
꽃피우며
하룻밤 머무르니

궁궐이
따로 없구나
임금이 바로 나다

하야로비공원 5
— 평화의 탑

전통 목탑
우뚝 서
평화 깃발 높이 들고

내 조국
평화통일
사시사철 기원하니

한민족
대단결의 힘
자아내어 펼쳐보자

남산공원

학창 시절 그리워 청춘계단 올라가면

아직도 부푼 가슴
설레임이 한가득

옛 건물
그대로 앉아
늙은 친구 반긴다

우리 고장 옛 도심을 눈 안에 품고 보니

옹기종기 작은 집
다닥다닥 따뜻한 맘

그 시절
사연을 담은
그리움이 달뜬다

조각공원

삼십 리 벚꽃길에 호연지기 더하려고

한길 가 명당터를
차고앉은 예술공간

조각품
멋진 자태로
시민 발길 모은다

조각품에 새겨 넣은 아름다운 영혼이

공원 찾는 사람의
가슴속에 파고드니

마음이
풍성해진다
김천인의 예술성

강변공원

새벽부터 늦은 밤 남녀노소 즐겨 찾아

걷고 뛰고 체력단련
호흡 소리 더 높으니

시민의
건강 충전소
젊은 김천 출발지

철마다 다른 모습 공기 맑은 휴식 공간

직지천 곧게 흘러
여유로움 선사하니

건전한
내 고장 사랑
시민 행복 종착역

안산공원

시냇물과 조명등이 서로 함께 손을 잡고

육백 미터 산책로에
진한 야경 연출하니

분위기
살아있구나
안산공원 자리 편다

3. 시설

김천시립도서관

시가지
품어 안고
높은 하늘 우러르며

천하의
명당자리
우뚝 솟아 손짓하니

꿈 많은
인재들 모여
뜻 세워 땀 흘린다

김천종합스포츠타운

주 · 보조
경기장에
사격장 국궁장까지

삼십여 회
각종 대회
일백여 회 전지훈련

경제와
스포츠 발전
함께 끄는 견인차

종합운동장

천연잔디
넓은 부지
최첨단 시스템에

쾌적한
부대시설
장엄한 그 규모는

건강한
몸과 마음의
앞마당이 되리라

실내체육관

체육시설
휴식 자리
어우러진 종합 공간

더불어
하나 되어
여가 활동 즐겨하니

김천시
끌고 갈 동력
이곳에서 커간다

실내수영장

다이빙
수구경기
수영대회 개최할

국제공인
규격의
시설 갖춘 수영장

고품격
여가활동에
시민 건강 자란다

김천문화예술회관

초현대식
시설에
품격 높은 공연 전시

김천시립
예술단의
다양한 공연 활동

더없이
우람한 자태
문화도시 랜드마크

녹색미래과학관

미래를
꿈꾸는
아이들의 놀이터에

놀이 논리
함께 만나
아이디어 낳으니

무한한
상상의 나래
현실 되어 파닥인다

4. 문

영남제일문

맞배 팔작 기와지붕 다포식 한식 구조

현판 좌우 비천상에
김천 상징 담으니

고전미
껴안은 자태
내 고장 긍지이다

옛 선비 과거 보러 한양으로 가는 길

알성급제 기원하고
선비정신 다독이니

그 정신
오늘에 기릴
관문으로 우뚝 섰다

嶺南第一門

5. 종

시민대종

시 승격
오십 주년
새 천 년 기념으로

비상하는
선녀들이
시민대종 받쳐 드니

퍼지는
웅장한 소리
시민 화합 기원한다

제5부

김천을 기억하다

윤은보(尹殷保) · 서즐(徐騭)

장지도의 두 제자 윤운보와 서즐은

자녀 없이 돌아가신
스승님을 위해서

3년간 시묘살이를
하루 같이 보냈다

제삿날 폭설 내려 제수 준비 못 한 슬픔

불효를 통탄하며
하늘에 통곡하니

감동한 산신령님이
노루 몰고 내려왔다

피로 맺은 부모자식 의절 사례 빈번하고

오늘날 학교에는
스승 제자 없다 하니

장지도 제자 이야기
새겨듣고 이어가자

조위

약관에 문과 급제
고관직 거치면서

학자로 문학가로
명성 높이 떨치니

봉계골
대문호 탄생
봉황새가 내려앉다

두보의 시 언해 * 하니
한국 최초 번역 시집

고어 연구 귀한 자료
국문학계 빛낼 실적

문학적
역사적 가치
헤아림이 불가하다

무오사화 희생으로
순천 땅 유배되어

최초의 유배가사
만분가 지어 놓고

한 많은
생애 마치니
가슴이 저려온다

선생의 뜻 기리고자
문화원 주체되어

전국의 글재주 꾼
함께 모여 겨루는 장

해마다
매계백일장
작가의 꿈 싹틔운다

* 언해 : 한문을 한글로 풀어서 씀. 또는 그런 책.

최송설당

무남삼녀 맏이로
가장 되어 집안 살림

갖가지 힘든 일을
마다 않고 몸 바쳐

비로소
숨 고를 여유
가까스로 이루었다

억울한 조상의 한
풀어보자 한양 상경

영친왕의 보모 되어
조상 누명 사해 받고

전 생애
모은 재산을
독립자금 기탁했다

독립의 지름길은
민족정신 교육이라

남은 재산 모두 털어
고등학교 설립하니

그 정신
불씨가 되어
대한독립 이끌었다

민족 동량 뒷모습
바라봄을 낙 삼다가

소중한 한마디
유언으로 마감한 삶

오늘도
송설 후학들
민족정신 일깨운다

빗내농악

앞에는 넓은 들판 뒤에는 감문산성

옛 감문국 터 잡은 곳
개령면 빗내마을

국가의
무형문화재
빗내농악 이어온 곳

한 가구당 한 명씩 풍물굿 참여하여

나라제사 풍년 기원
혼을 모은 장단으로

강렬한
열두 마당 굿
호국정신 펼친다

빗내農樂保存會
農者天下之大本

방초정

그리움은 기둥 되고 큰 은덕이 지붕 되어

선조 향한 일념으로
바쳐 올린 정자 하나

세 번을
고쳐지으며
추모 정신 이어 왔다

2층 누 넓은 마루 섬 두 개의 연못 정원

선조의 혼백들이
제각각 떠돌다가

방초정
세운 뜻 세며
서로 만나 어울린다

연화지

얼굴 붉힌
벚꽃잎
이슬 먹은 연꽃잎

푸른 거울
캔버스에
살금살금 내려앉자

숨어든
발자국 소리
연화지가 넘친다

국제오피스텔

봉황대

연못 속
삼산 품에
다소곳 안긴 정자

봉황이
둥지 틀고
풍류 물결 퍼지는 곳

마음을
비우고 서니
시 한 수가 춤춘다

김천유기(金泉鍮器)

일천 도의 높은 열 수천 번의 망치질로

풋울음 뗀 징판 위에
무늬 새겨 재울음

삼십 년
장인의 손끝
태어나는 명품 징

높은 열 뜨거움은 한으로 품어 안고

수천 번 두드림은
피멍으로 견뎌내니

손닿자
터져 나오는
여운 긴 황소울음

과하주

금샘[金泉] 물에 우리 쌀 좋은 곡자 찾아서
전통비법 품 안에
저온으로 장기 숙성

명인의
손끝 마무리
태어나는 오묘한 맛

투명한 황갈색의 특유한 청량감에

임금도 사대부도
즐겨 왔던 전통주

여름아
알아서 해라
과하주(過夏酒) 나가신다

3. 축제

김천자두꽃축제

얕은 산 언덕배기 어설픈 스케치가

순백의 하얀 꽃잎
향기 더해 익어 가면

농소골
자두꽃축제
큰잔치 펼쳐진다

어쩌면 저리 하얀 그토록 은은한 향

어디서 어느 길로
이 가지에 소복소복

봄 햇살
신비한 손길
삼라만상 숨겼다

김천자두포도축제

자두

따가운
햇살 받아
볼그스레 익은 피부

오동통한
사랑덩이
수줍은 빛 속살덩이

톡 쏘아
군침 모으는
새콤달콤 감칠맛

포도

알알이
속 채우고
동글동글 모여 앉아

뜨거움
삼키면서
새까맣게 익은 후에

하얀 분
곱게 바르고
임 찾아 길 나선다

백수문학관

황악산이 마당 펴고 김천시가 소매 걷어

백수 선생 시세계를
아름 가득 모셔다가

문학관
작은 공간에
빼곡하게 펼쳤네

거칠고 굳어지는 우리네 삶을 위해

밤새워 모은 정성
이슬방울로 달아놓고

스스로
하얀 물 되어
곧은 내 흘러갔네

白水文學館

고단한 삶 찌든 때를 녹여줄 그 노래로

모든 사람 가슴속에
등 하나씩 달아주어

어둡던
우리 세상을
희망으로 밝혔네

김천강변마라톤 동호회

금샘물 넘쳐 나서 강물 되어 흐르니

곧은 의지 펼쳐가는
저 물결 닮고 싶어

뜻 모은
마라톤 사랑
내일 향해 모였다

게으름도 망설임도 모두 떨쳐 버리고

달콤한 아침잠도
미련 없이 차 버리고

강인한
의지를 모아
새벽을 열어간다

모두가 하나 되어 내딛는 발소리에

강 건너 강아지는
새벽잠을 깨우고

달리는
고속열차가
경주하자 외친다

천만금을 주고도 살 수 없는 건강한 몸

흐르는 땀방울을
고이 모아 이룬 자산

김 · 강 · 마
튼튼한 다리
행복 향해 달려 가리

턱에 찬 가쁜 숨도 깨질 듯한 종아리도

해내겠다 의지 앞에
속절없이 사라지니

자신을
이겨낸 당신
김 · 강 · 마여 영원하라!

103
완주를

김천생활원예 연구회

복잡한 현대문명 심각한 건강 위협

생활원예 기쁨으로
심신건강 함께 가꿔

풍요한
우리의 삶이
집집마다 자란다

꽃 닮아 아름답고 향기 배어 매력 있는

줄기 닮아 절제되고
잎새처럼 풋풋한

들사모
선남선녀들
우아함이 넘친다

저마다 기른 희망 숨겨 가꾼 아름다움

모여서 더해 보고
나누어 가져가니

커간다
양육의 경험
삶의 행복 더한다

사랑의 손길 받아 톡 터질 듯 그 자태로

고상한 좌대위에
요염하게 앉은 그대

축제장
원예전시회
발길 소리 끝없다

꽃과 나무 가꾸려는 아름다운 마음이

손 모아 가슴 모아
이웃으로 전해질 때

심신이
건강해지고
우리 마을 밝아진다

시조로 노래한 김천의 인문지리

— 김창호 시조집 『김천을 노래하다』

김관식(시인 · 문학평론가)

1. 들어가며

김천시 승격 70주년 기념으로 김창호 시인의 시조집 『김천을 노래하다』를 발간하게 되었다. 애향심이 남다른 김창호 시인은 오랜 교육자의 경험을 되살려 자신이 태어난 고장에 대한 애향심을 담은 시조로 노래한 김천의 인문지리서라고 할 수 있다. 오늘날 포스트모더니즘의 문예사조는 예술과 문학 전반에 영향을 미치고 있는데, 시조로 향토의 인문지리를 소개한 글쓰기 방식은 일종의 포스트모더니즘의 장르간의 경계 허물어뜨리기의 시도라고 할 수 있다. 문학적인 성과와는 별도로 향토자료를 시인의 관점에서 재해석하여 보여준다는 점에서 큰 의의를 찾을 수 있을 것이다. 김창호 시조집 『김천을 노래하다』에 실린 시조 작품을 감상하면서 그가 사조에 담은 향토애와 향토의식을 추적해 사족을 덧붙이기로 한다.

2. 시조로 노래한 김천의 인문지리

1) 김천의 인문지리에 대한 안내

한국학중앙연구원에서 발간한 『향토문화전자대전』의 김천의 인문지리를 보면, "김천시는 경상북도 남서부 지역의 사회 · 문화 · 산업 · 행정 · 교통 · 관광의 중심지이다. 1995년 생활권이 하나였던 김천시와 금릉군이 하나의 통합시를 이루어 김천시가 되었으며, 2019년 현재 1개 읍(아포읍), 14개 면(농소면 · 남면 · 개령면 · 어모면 · 봉산면 · 대항면 · 감천면 · 감문면 · 조마면 · 구성면 · 지례면 · 부항면 · 대덕면 · 증산면), 7개 동(자산동 · 평화남산동 · 양금동 · 대신동 · 대곡동 · 지좌동, 율곡동)으로 이루어져 있다."라고 소개되어 있다.

김창호 시조집 『김천을 노래하다』는 향토자료 형식의 김천 예찬시조이다. 자신이 태어난 고장을 시조로 노래하고 시조집을 발간하여 널리 알리려는 김창호 시인의 애향정신은 자신을 둘러싼 김천의 인문지리에서 문학의 근원적인 뿌리라고 생각한데서 비롯된 것이라 할 수 있다.

그러니까 김천시 승격 70주년 기념으로 발간하는 향토적인 시조집인 셈이다. 김창호 시인은 김천을 "금오

대덕/ 황악산이/ 병풍 되어 둘러싸고// 직지 감천/ 맑은 물이/ 김천 땅 살찌우"는 「삼산이수의 고장」이라고 예찬하고 있다. 예로부터 산 좋고 물 좋은 고장은 훌륭한 인물이 많이 배출된다고 하였다. 김천이라는 지명 유래에 대한 김천시청 홈페이지에 따르면, "김천의 삶은 감천으로부터 온다. 감천은 김천 역사의 젖줄이다. 감천의 물줄기와 물줄기가 만나는 어름쯤에 먹거리 문화의 움이 싹터 올랐던 것이다. 그 싹이 자라서 숲을 이루고 마침내 황악산과 금오산이 용출하는 그 사이에서 감천의 물로 생명의 샘을 삼은 이들이 모여 사는 모꼬지가 된 곳이 김천이다.

감천의 뿌리 샘은 대체로 우두령재에서 흘러내리는 샘줄기와 가목재에서 발원하는 샘줄기가 부항과 지례의 어름, 상부리에서 만나 제법 물줄기다운 면모를 갖추게 된다. 외감, 내감에서 발원하는 물줄기를 어우름은 물론이다. 물은 흘러 다시 구성과 김천 시내를 통과하면서 황악산 쪽에서 발원하는 직지천과 만나게 되고 다시 개령면에 이르러 어모천(禦侮川) 곧 아천(牙川)과 만나면서 이제 감천의 본류를 형성하기에 이른다. 한자만 달랐지 어모는 곧 아천이 된다."라고 소개된 것으로 보아 김천의 지명은 물이 맑은 감천에서 유래되었음을 알 수 있다.

조선시대 성리학자 하서 김인후는 "청산도 절로절로 녹수도 절로절로/ 산절로 수절로 산수간에 나도 절로/ 이 중에 절로 자란 몸이 늙기도 절로절로"라고 산수 수려한 우리 나라의 자연을 노래했다. 그러나 김창호 시인은 『김천을 노래하다』라는 시조집을 발간하여 김천에 대한 애향심을 표현함으로써 김천시민들이 내 고장을 사랑하고 자긍심을 드높이는 작업을 시도했다.

소나무가
아름답고
조각상이 우아한 길

삼십 리
벚꽃 길에
이화 만 리 향기 가득

시민이
행복한 고장
김천은 정원이다

—「시민중심 행복도시 김천」 전문

소나무, 벚꽃으로 상징되는 자연환경의 수려함과 "조각상", "정원"으로 상징되는 인위적으로 시민중심이 되어 행복한 도시를 가꾸어놓은 경상북도 남서부 지역의 중심부로서의 면모를 갖춘 정원이 바로 김천임을 내세우고 있다.

김천시의 상징으로 표방하는 시조(市鳥) 「왜가리」는 "목 빼고/ 다리 뻗어/ 날렵한 그 자태로// 비상하는/ 날갯짓은/ 김천인의 역동성// 풍요를/ 물고 오는 새/ 왜가리가 날아든다"라고 왜가리와 김천시민과 비유하여 표현하고 있고, 시화(市花) 「자두꽃」에 대해서는

"눈부신/ 하얀 꽃잎/ 만 리까지 은은한 향// 자녀 다산/ 기원하는/ 자두꽃말 축복 되어// 내일이/ 기대되는 땅/ 자두꽃이 부른다"라고 예찬하고 있다. 자두가 많이 생산되는 고장 김천은 해마다 봄이 되면, 자두꽃축제, 그리고 여름에는 김천자두포도축제를 열고 있다. 자두는 도리(桃李)라고 하여 복숭아와 짝을 이루고 중국이나 우리 나라의 문학작품의 소재에 많이 등장한다. 자로를 일컫는 도리(桃李)는 또 다른 사람을 천거하거나 쓸 만한 자기 제자를 가리키는 말로 "도리만천하"라고 하면, 믿을 만한 자기 사람으로 세상이 가득 찼다는 뜻으로 실세임을 나타내는 말로 사용되기도 한다.

또한 김천시의 시목(市木)인 「소나무」에 대해서는 "여인 같은/ 부드러움/ 장부 같은 곧은 절개// 영원불변/ 푸른 기상/ 나무 중의 으뜸 나무// 올곧은/ 시민정신을/ 소나무가 지켜간다"라고 노래하여 소나무를 절개, 기상, 시민정신의 표상으로 내세우고 있다.

2) 삼산이수의 향토적 자연환경에 대한 해석

김창호 시인 시조집 표제로 김천의 자연환경인 황악산, 금오산, 대덕산 등 세 개의 산과 감천과 직지천, 두 개의 하천을 포괄하는 의미로 행복도시 삼산이수의 고장 『김천을 노래하다』로 내세우고 있다. 그만큼 김천은 산이 빼어나고, 물이 맑은 고장으로 널리 알려져 있다. 황악산은 경상북도 김천시 대항면, 충청북도 영

동군 매곡면을 경계로 한 2개 도를 경계로 하는 산으로 예로부터 학이 많아 황학산으로 불리웠던 명산으로 정상에 갈대군락지, 울창한 소나무 숲과 깊은 계곡에 옥같이 맑은 물, 가을의 단풍과 겨울의 설화 등이 알려져 전국의 산악동호인들이 봄, 여름, 가을, 겨울 사철에 걸쳐 많이 찾는 해발 1,111m의 산이다. 그런가 하면, 금오산은 도립공원으로 고려시대 축성한 금오산성이 있으며, 북쪽 계곡에는 명금폭포, 의상이 수도했다는 도선굴, 고려 말의 충신 길재의 충절과 덕을 추모하기 위해 지은 채미정 등이 있고, 해운사 · 대각사 · 진봉사 등의 고찰과 금오산 마애보살입상을 비롯해 남쪽 계곡에는 선봉사 대각국사비 등의 유적이 있는 곳으로 조선 초기 무학 대사가 왕(王)자처럼 보이는 능선을 보고 왕기가 서린 명산인데, 산 중턱의 전망대까지 케이블카가 운행하고 있다. 또한 대덕산은 경상북도 김천시 대덕면, 전라북도 무주군 무풍면을 경계로 하는 1,290m 높이의 소백산맥과 가야산맥의 분기점에 해당하는 산이다. 이러한 산을 김창호 시인은 황악산에 대해서는 "경상 충청 양발 딛고 이쪽저쪽 연통 넣어/ 진달래꽃 산목련 가을 단풍 자랑하니// 오늘도/ 줄 잇는 손님/ 황악산은 절경이다"라고 노래하고 있고, 금오산에 대해서는 "현월봉에 달이 걸려 약사 보봉 놀러 오고/ 계곡마다 천년 고찰 부처님 뜻 널리 펴니// 풍류도/ 나라 사랑도/ 금오산은 품고 있다"라고 노래하고 있다. 그리고 대덕산에 대해서는 "경상 전라 눈이 맞아 이마를 마주대고/ 선행하자 의기투합 큰 덕을 쌓아 올린// 대덕산/ 큰 봉우리는/ 인간 세상 근본이다"라고 세 개의 명산의 인문지리를 소개하고 있다.

이수인 감천에 대해서는 "대덕 지례/ 살찌우고/ 구성 조마 젖줄 되니// 맛있고/ 영양가 높은/ 양파 감자 이름 높다"라고 양파와 감자가 많이 생산되는 고장임을 소개하고 있고, 직지천에 대해서는 "저마다/ 흘러내려/ 금릉평야 젖줄 되니// 빛 좋고/ 속살 가득 찬/ 포도 자두 익어간다"라고 포도와 자두가 생산되는 고장임을 소개하고 있다. 그 밖의 산 · 봉 · 령 · 재로는 「고성산」, 「삼도봉」, 「바람재」, 「덕산재」, 「추풍령」 등을 소개하고 있다.

눌의산이 육중하게 백두대간 타고 앉아
한걸음에 내달려 금산으로 가려 마는

경계선
오가는 길을
허리 낮춰 내준다

당마루 고개 위에 떨어진 빗방울은
낙동강 흠모하며 금강물에 몸 섞을 때

이별을
아쉬워하며
눈물 애써 감춘다

황간벌 내달려 온 살 에이는 북풍도

추풍령 고개 앞에 맥 못 추고 주저앉자

김천은
따뜻한 고장
눈이 비로 내리누나!

—「추풍령」 전문

김창호 시인은 김천의 삼산이수의 향토적 자연환경의 모습에 대해 예찬의식을 가지고, 고장의 특산물 소개 위주로 진술하고 있다. 김천의 자연환경에 대한 심미감을 감정이입하여 주관적인 해석과 지역사회의 홍보라는 목적의식을 전재로 시조를 도구화하고 있다고 할 수 있다.

현대시에서는 시인의 주관을 되도록 객관화시키기 위해 객관적 상관물을 동원하여 우회하여 형상화하여 정서를 환기시키는 방식을 선택하고 있다. 그리고 참신한 발상으로 독자들의 관심을 끌어모아 적절한 시어를 골라 배치함으로써 시적인 심미감의 효과를 노리는 것이 일반적이다. 김천을 알리려는 김창호 시인의 끊임없는 열정과 노력은 매우 값진 것이고, 이를 실천하는 작업은 의의가 크다고 할 수 있다.

3) 향토의 역사와 문화 여행

김천의 향토문화는 김천의 향토의 특성을 지니고 형

성된 문화를 말한다. 우선 앞에서 노래한 향토를 형성하는 자연환경으로 황악산, 금오산, 대덕산 등의 삼산과 감천과 직지천 이수 등이다. 이러한 자연환경은 김천을 형성하는 데 중요한 역할을 하며, 이러한 향토의 자연환경 속에서 오랫동안 정착하여 사회를 이루고 살아오는 김천 사람들이 김천의 향토문화를 형성하게 되는 것이다. 따라서 김천의 향토문화는 삼산이수의 자연환경에 생활하는데 알맞도록 생활 경험을 토대로 얻은 지혜의 소산으로 그 토질에 맞는 자두와 포도 등의 농산물, 역사적인 배경과 사회를 배경으로 향토문화가 형성되어 온 것이다.

김천은 고려 시대 향전지이며 불교문화의 문화재들이 많이 남아있는 고장이다. 명산에는 유명한 사찰이 있듯이 김천에는 직지사가 있다. 경상북도 김천시 대항면 황악산(黃嶽山)에 있는 삼국시대 고구려의 승려 아도가 창건한 유서 깊은 사찰이다. 중요문화재로 석조약사여래좌상(보물 제319호)과 대웅전 앞 삼층석탑(보물 제606호), 비로전 앞 삼층석탑(보물 제607호), 청풍료 앞 삼층석탑(보물 제1186호)과 대웅전 삼존불탱화(보물 제670호), 석조나한좌상(경상북도 유형문화제 제296호)등이 남아있는 사찰이다.

황악산 포근한 품 터 잡고 앉았으니
백두정기 돌아내려 자비가 넘치는 곳

오늘도
부처님 은혜

직지 인심 빛나다

신라의 아도화상 중생 구제 큰 뜻 펴고
해동의 중심부에 제일 가람 세웠으니

팔정도
실천의 도장
깨달음의 요람이다

지혜 품은 황악능선 품격 높은 귀족 숲
능여 내원 운수계곡 정제되어 흐르는 물

대웅전
앞세운 그림
걸작품이 따로 없다

부처님 두 팔 펴서 5개 시 군 · 품에 안고
칠십여 가지 뻗어 해탈 기쁨 전해주니

팔교구
빛나는 불법
세상 어둠 비추다

천육백 년 긴 세월 장명등 밝히면서
민초들의 애환을 뼛속 깊이 헤아리니

큰 자비

도도히 흘러
황악산을 덮는다

—「직지사」 전문

「직지사」에 대한 소개다. “민초들의 애환”을 헤아려 주는 부처의 “큰 자비/ 도도히 흘러/ 황악산을 덮는다”라고 아도화상을 예찬하고 있다. 아도화상은 신라에 처음으로 불교를 전래한 승려로 삼국시대 김천에 직지사를 세웠다고 한다. 이 밖에도 비구니 스님의 맥을 이어가는 「청암사」, 도선국사 창건한 수도도량 「수도암」, 등의 절과 암자를 소개했고, 「인형왕후길」에서는 “까맣게 탄/ 가슴 안고/ 인현왕후 걸었던 길”과 “사명대사/ 애국심/ 온몸으로 지켜내니// 사백 년/ 긴긴 세월이/ 낯붉히며 숨는다”다는 「사명대사길」을 소개했다.

댐을 소개하는 글에서는 “다용도/ 맑은 물은/ 지역주민 감로수// 연못가/ 산능선 모아/ 풍경화를 그렸다”라는 「부항댐」, 그리고 김천이 자랑으로 내세우는 「세계 도자기박물관」을 예찬하는 시조로 마무리하고 있다.

지구촌
곳곳에서
명작으로 태어나서

곱게 자라

화장하고
명문가에 시집오니

세계의
희귀 도자기
새살림을 차렸네

—「세계도자기박물관」 전문

김천이 내세울 만한 향토의 문화유산인 불교문화로 「직지사」와 「청암사」, 「수도암」을 소개했고, 「인현왕후길」과 「사명대사길」, 「부항댐」과 「세계도자기박물관」 등의 김천의 역사와 문화를 연구하여 간결하게 시조로 소개했다.

4) 김천의 인위적인 공원시설과 미래상

향토의 자연환경과 문화적 공간 시설은 그 지역에 사는 사람들이 합심하여 아름답게 가꾸고 보존해야 후손들에게 떳떳하게 물려줄 수 있는 것이다. 김천은 인근의 구미시와 밀접한 관계를 맺으면서 "지속 가능 발전 위해 상생기반 구축하고// 산학연 클러스터/ 기업유치 전략 세워// 스마트/ 혁신도시의/ 희망으로 반짝인다"「발전 전략」이 혁신도시로 발전을 하고 있다.

지역민들이 쉴 수 있는 인위적인 공간으로 꾸며놓은 공원시설로는 혁신도시의 안산공원과 「직지문화공원

1~2」에는 야외 공연장을 비롯하여 "무장하고/ 목 빼어/ 경계 근무 열중하"고 있는 「장승」, "우아한/ 소나무 숲/ 고개 살짝 내민 정자"와 어우러진 「폭포」, "조국을/ 사랑하고/ 연인을 그리는" "고귀한 정신" 시심으로 피어나리라 기대하는 「백수 정완영 시비(詩碑)」, "황악산/ 무게 잡은 엉덩이/ 들썩이게 만든다"는 「음악 분수」, "체험형/ 휴양단지"라고 기대하는 「하야로비공원 1」 등을 소개하고 있고, 그리고 "고장의/ 역사문화/ 관련 자료 전시하고// 문화공연/ 학술대회/ 풍성하게 펼쳐가"는 「문화박물관」, "전통문화/ 다도체험/ 민족정신 일깨"우는 「건강문화원」, "맑은 공기/ 소나무 향"기가 난다는 「한옥체험촌」, "전통 목탑/ 우뚝서/ 평화 깃발 높이 들고" 있는 「평화의 탑」, "학창 시절 그리워 청춘계단 올라가면// 아직도 부푼 가슴"이 된다는 「남산공원」, "삼십 리 벚꽃길에 호연지기 더하려고// 한길 가 명당터를/ 차고앉은 예술공간"인 「조각공원」, "시민의/ 건강 충전소/ 젊은 김천 출발지"라 할 수 있는 「강변공원」, 그리고 시설로서는 "꿈 많은/ 인재들 모여/ 뜻 세워 땀 흘린다"는 「김천시립도서관」, "주 · 보조/ 경기장에/ 사격장 국궁장까지" 갖춘 「김천종합스포츠타운」, "천연잔디/ 넓은 부지/ 최첨단 시스템"을 갖춘 「종합운동장」, "체육시설/ 휴식 자리/ 어우러진 종합 공간"인 「실내체육관」, "국제공인/ 규격의/ 시설 갖춘 수영장"인 「실내수영장」, "더없이/ 우람한 자태/ 문화도시 랜드마크"인 「김천문화예술회관」, "미래를/ 꿈꾸는/ 아이들의 놀이터에// 놀이 논리/ 함께 만나/ 아이디어 낳으니// 무한한/ 상상의 나래/ 현

실 되어 파닥인다"라는 「녹색미래과학관」 등을 소개했으며, 김천의 관문으로는 "옛 선비 과거 보러 한양으로 가는 길"인 「영남제일문」, 종으로는 "비상하는/ 선녀들이/ 시민대종 받쳐 드니// 퍼지는/웅장한 소리/ 시민 화합 기원한다"는 「시민대종」 등 김천의 인위적인 공원시설을 시조로 노래함으로써 지속가능한 발전을 거듭할 수 있도록 가꾸어나가는 김천시민들의 노력과 밝은 미래상을 시설들을 통해 보여줌으로써 애향심을 고취시키고 있다.

춤춘다
가녀린 몸
나비 되어 팔딱인다

날갯짓
한 올 한 올
아름다운 음악 꿰어

황악산
무게 잡은 엉덩이도
들썩이게 만든다

—「직지문화공원 4」 전문

김천시민의 꿈을 담아 가꾸어놓은 「음악 분수」는 꿈을 담아 상승하며 노래하는 역동적인 이미지로 "날갯짓/ 한 올 한 올/ 아름다운 음악 꿰어// 황악산/ 무게 잡은 엉덩이도/ 들썩이게 만든다"라고 하여 인위적인 시설들이 김천의 자연환경을 대표하는 "황악산"까지 움직이게 한다는 역설적인 논리로 과거와 현재와 미래가 함께 어울리며 지속가능한 발전을 도모해가는 김천의 밝은 미래상을 제시하고 있다.

5) 김천의 인물과 전통의 맥을 잇는 김천시민들의 생활상

김천은 한국 가전문학의 선구적 작품인 〈국순전〉·〈공방전〉을 남긴 고려 죽림칠현의 한 사람이었던 서하 임춘이 피신해서 머물렀던 곳이다. 그는 개령현의 한 골(아포읍 대신리)에 우거했으며, 만년을 거의 이곳에서 보내 김천 문학의 효시라고 할 수 있다. 〈국순전〉·〈공방전〉 등의 가전체 문학이 이곳에서 써졌으리라고 추측되는바 김천은 예로부터 현재에 이르기까지 문인들이 많이 배출된 고장이다.

김창호 시인은 김천의 인물로 "자녀 없이 돌아가신/ 스승님을 위해서// 3년간 시묘살이를/ 하루 같이 보냈다."는 "장지도의 두 제자 윤운보와 서즐"이야기를 시조로 소개하고 있는데, 이들 두 제자는 스승님의 "제삿날 폭설 내려 제수 준비 못한" 것을 슬퍼하자 "감동한 산신령님이/ 노루 몰고 내려왔다"는 재미있는 전설을 소개하고 있다. 그리고 "두보의 시 언해하니/ 한국 최초 번역 시집// 고어 연구 귀한 자료/ 국문학계 빛낼 실적"을 남기고 "최초의 유배가사/ 만분가 지으신" 「조위」에 대한 예찬시조와 "영친왕의 보모 되어/ 조상 누명 사해 받고// 전 생애/ 모은 재산을/ 독립자금 기탁했다"는 「최송설당」이라는 인물을 소개했다.

무형문화재로 "옛 감문국 터 잡은 곳/ 개령면 빗내마을"에서 전해 내려오는 풍물 「빗내농악」, 그리고 "선조 향한 일념으로/ 바쳐 올린 정자"인 「방초정」에 대해 "2층 누 넓은 마루 섬 두 개의 연못 정원"이 펼쳐있음을 소개하고 있으며, 연꽃이 피어 있는 「연화지」의 아름다운 서경을 시조로 노래하고 있다.

얼굴 붉힌
벚꽃잎
이슬 먹은 연꽃잎

푸른 거울
캔버스에
살금살금 내려앉자

숨어든
발자국 소리로
연화지가 넘친다

—「연화지」 전문

연꽃이 활짝 핀 「연화지」에 연잎 위에 맺힌 이슬이 구르는 소리를 감각적으로 그려냈으며, "연못 속/ 삼산 품에/ 다소곳 안긴 정자"인 「봉황대」의 아름다움,

「김천유기」가 만들어지는 과정을 형상화하여 묘사한 시조「김천유기」를 통해 김창호 시인의 시적 역량을 유감없이 발휘하고 있다.

일천 도의 높은 열 수천 번의 망치질로

풋울음 뗀 징판 위에
무늬 새겨 재울음

삼십 년
장인의 손끝
태어나는 명품 징

높은 열 뜨거움은 한으로 품어 안고

수천 번 두드림은
피멍으로 견뎌내니

손닿자
터져 나오는
여운 긴 황소울음

—「김천유기(金泉鍮器)」 전문

장인의 손끝에서 두드림으로 피멍을 견뎌내어 드디어 "황소울음"으로 태어난다는「김천유기」에 대한 김창호 시인의 상상력이 돋보이는 시이다.

이 밖에도 김천이 자랑하는 "임금도 사대부도/ 즐겨 왔던 전통주"인 「과하주(過夏酒)」를 소개하고 있으며, 김천시의 축제문화로 「김천자두꽃축제」와 「김천자두포도축제」, 그리고 김천의 명산물 「포도」를 소개했다. 그리고 "황악산이 마당 펴고 김천시가 소매 걷어// 백수 선생 시세계를/ 아름 가득 모셔다가" 놓았다는 「백수문학관」, 동호회 활동으로 "달콤한 아침잠도/ 미련 없이 차 버리고// 강인한/ 의지를 모아/ 새벽을 열어간다"는 「김천 강변마라톤 동호회」, 해마다 열리는 전시회 때 "고상한 좌대위에/ 요염하게 앉은 그대// 축제장/ 원예전시회/ 발길 소리 끝없"을 정도로 관람객들의 눈길을 끄는 「김천생활원예 연구회」 활동 모습 등 김천이 낳은 역사적인 인물을 소개하고, 그분들의 정신과 전통의 맥을 이어가는 오늘의 김천시민들의 생활상을 소개하고 있다.

3. 나오며

김창호 시조집 행복도시 삼산이수의 고장 『김천을 노래하다』는 김천시 승격 70주년을 기념하기 위해 김천을 널리 알리려는 홍보 목적과 지역사회 향토자료로 제공하기 위한 애향심의 발로에서 의도적으로 기획한 시조집이다. "시조로 노래한 김천의 인문지리"라고 할 수 있다. 김창호 시인은 오랫동안 교육자로 살아온 분답게 선인들이 남긴 김천의 문화자원과 수려한 자연환경을 소개하고 자신의 느낌을 담아 시조로 노래했다.

김창호 시인은 향토적 애향심을 시조로 표현하고자 했다. 그래서 어느 시조집보다 시인 자신의 뜨거운 애향의식과 향토에 대한 자긍심이 담겼다고 볼 수 있다. 그의 애향정신에 박수를 보내며 이번의 시조집 발간을 계기로 더욱 원숙한 시세계로 주관적인 사실의 전달기능에서 탈피하여 객관적인 정서의 전달로 한 단계 도약하는 계기가 되길 바랄 뿐이다.

문학세계대표작가선 898

김천을 노래하다 — 행복도시 삼산이수의 고장

김창호 시조집

인쇄 1판 1쇄 2019년 10월 8일
발행 1판 1쇄 2019년 10월 15일

지 은 이 : 김창호
펴 낸 이 : 김천우
펴 낸 곳 : 도서출판 천우
등 록 : 1992. 2. 15. 제1-1307호
주 소 : 서울시 성동구 무학봉28길 6 금용빌딩 2F
전 화 : 02)2298-7661
팩 스 : 02)2298-7665
http://moonhak.wla.or.kr
E-mail : chunwo@hanmail.net

값 10,000원

ISBN 978-89-7954-781-8

이 도서의 국립중앙도서관 출판예정도서목록(CIP)은 서지정보유통지원시스템 홈페이지(http://seoji.nl.go.kr)와 국가자료공동목록시스템(http://www.nl.go.kr/kolisnet)에서 이용하실 수 있습니다. (CIP제어번호: CIP2019035454)